SOCIÉTÉ HISTORIQUE ET ARCHÉOLOGIQUE
DE PONTOISE ET DU VEXIN

DISCOURS

PRONONCÉ

à Gisors, le 6 juillet 1884

PAR

M. SÉRÉ DEPOIN

PARIS 1884

TRIE-CHATEAU ET A GISORS

(6 juillet 1884)

DISCOURS DE M. SÉRÉ-DEPOIN

I

Mesdames, Messieurs,

Il existait en France, au siècle dernier, en dehors de l'Académie française et des grandes académies de Paris, un certain nombre de sociétés vouées au culte des sciences, des lettres et des arts. Ces sociétés, établies au sein des capitales de nos vieilles provinces, portaient généralement le nom d'académies.

Les académies des provinces étaient en plein développement quand éclata la Révolution, qui, sans miséricorde, les brisa toutes. Le coup était si inattendu et si violent qu'elles furent près d'un demi-siècle à s'en relever.

Il y eut toutefois, dès le commencement du dix-neuvième siècle, d'assez nombreuses tentatives de reconstitution; mais ce n'est qu'à dater de 1792 que se produit, se développe et s'affirme le puissant mouvement historique qui honore si grandement notre temps.

Aujourd'hui, les sociétés savantes sont, en effet, partout. Il y en a aux chefs-lieux de nos départements et de nos arrondissements; il en existe dans de modestes bourgs, et l'on entrevoit l'heure prochaine où elles seront représentées jusque dans nos plus humbles villages. C'est une armée de volontaires, qui s'exerce librement sur le sol national, au grand profit de l'avancement des sciences historiques.

Cette milice pacifique tient ses revues générales à la Sorbonne, où se réunissent annuellement toutes les sociétés savantes de France. Elle fait aussi ses grandes manœuvres annuelles dans nos provinces, où elle convoque ses vaillantes troupes à des congrès archéologiques régionaux. Enfin, des compagnies locales se livrent, dans leurs circonscriptions respectives, à des exercices répétés et salutaires.

Telles sont les grandes lignes du fonctionnement en France des sociétés savantes.

La Société historique et archéologique de Pontoise et du Vexin, qui a l'honneur de se présenter aujourd'hui devant vous, au cours d'une excursion archéologique dans ses domaines, forme un modeste détachement de cette Grande-Armée dont tous les soldats, animés d'un même dévouement pour une noble cause, travaillent avec ardeur au relèvement de la tradition et à la propagation de la vérité historique.

Il est d'usage que les sociétés savantes terminent leurs excursions confraternelles dans un local fermé, en s'entretenant, en famille, des impressions de la journée. Si nous rompons aujourd'hui avec cette tradition, si nous ouvrons toutes grandes, les portes de cette salle, aux amis — nombreux dans ce pays — des sciences, des lettres et des arts, c'est pour répondre à de flatteuses sollicitations; c'est pour travailler plus utilement au développement de notre œuvre; c'est, enfin, pour fêter l'heureuse participation des dames à une entreprise de progrès et de lumière dont elles assurent le succès par leur gracieuse présence et leur généreuse sympathie.

Notre réunion dans une salle de théâtre, ainsi expliquée, je ferai connaître immédiatement l'objet de la séance et le nom des orateurs qui veulent bien nous prêter leur concours.

PROGRAMME DE LA SÉANCE.

1° *Les vitraux de l'église de Gisors.*

Lecture par M. l'abbé BLANQUART, membre de la Société française d'archéologie.

2° *Les historiens du Vexin.*

Etude, par M. Joseph DEPOIN, secrétaire général de la Société historique de Pontoise et du Vexin.

M. Louis PASSY, l'honorable député de cette circonscription, membre de notre Société, parlera, à sa convenance, sur l'histoire de ce pays qui n'a point de secrets pour lui.

Avant de donner la parole à mes érudits confrères, j'ai le devoir de présenter à l'assemblée la Société historique et archéologique de Pontoise et du Vexin ; de parler de son organisation, de son œuvre, des espérances qu'elle fonde sur l'appui sympathique des habitants de cette contrée et particulièrement sur le concours éclairé des personnes distinguées qui nous font l'honneur d'assister à cette séance.

II

La Société historique et archéologique de Pontoise et du Vexin fait aujourd'hui sa première entrée dans le monde. C'est une jeune personne qui compte à peine sept années d'existence et qui sollicite pour ses débuts et pour son inexpérience la bienveillante indulgence de l'assemblée.

La Société est née à Pontoise à la fin de 1877. Accueillie à sa naissance par les plus honorables sympathies, elle a vu grandir de jour en jour le nombre de ses adhérents ; si bien qu'elle compte aujourd'hui tout près de 250 membres.

Rien ne démontre mieux le besoin de sa création que l'accroissement rapide du chiffre de ses associés ; et, s'il était nécessaire de marquer l'utilité et l'excellence de l'entreprise, il suffirait de montrer le personnel d'élite qui la compose et qui lui donne gracieusement le plus dévoué des concours.

Notre compagnie réunit dans son sein d'éminents représentants du clergé, de l'armée, de l'administration et la plupart des personnalités marquantes de nos contrées. Nous comptons parmi nos associés Mgr l'évêque de Versailles et de nombreux ecclésiastiques ; des sénateurs, des députés, des membres de l'Université et des corps savants, des officiers ministériels, des avocats, des médecins, des négociants, des agriculteurs et un grand nombre d'amis des sciences et des arts appartenant à toutes les conditions sociales. Nous avons trouvé particulièrement à Gisors et dans ses environs de précieuses et solides adhésions.

La paix la plus entière règne parmi nous ; c'est assez dire que la politique, cet agent de toutes les divisions, est impitoyablement bannie de nos assemblées, où chacun, tout en conservant ses libres opinions, ne sacrifie qu'à une seule divinité : l'austère Vérité.

Nos domaines sont étendus et notre sol très varié. Avec

l'arrondissement de Pontoise nous avons une partie de l'Ile-de-France ; avec les deux Vexin nous avons une partie de la Normandie ; c'est-à-dire d'admirables champs d'études fécondés par des souvenirs du plus haut intérêt et des illustrations de premier ordre.

Notre œuvre consiste, comme celle de toutes les sociétés savantes, dans l'étude, en général, des lettres, des sciences et des beaux-arts ; et, dans la recherche, en particulier, de tout ce qui intéresse notre contrée. Notre but, c'est la vulgarisation, par le livre et par la parole, des richesses scientifiques de notre circonscription.

Nous publions des *Mémoires* qui reproduisent les travaux de nos associés et qui contiennent le résumé des débats de nos séances. La Société fait paraître également des *Documents* qui sont distribués gratuitement à tous nos confrères.

Les publications de notre Société ont obtenu de divers côtés de flatteuses approbations. L'honorable président de la *Société de l'histoire de Paris et de l'Ile-de-France*, M. Jourdain, membre de l'Institut, nous adressait tout récemment, lors de l'assemblée générale de cette savante société, de bienveillants compliments qui, venant de si haut, nous sont infiniment précieux. Le prix Comartin, que le conseil général de Seine-et-Oise délivre à la meilleure publication relative à l'histoire des communes de l'arrondissement de Pontoise, nous a été attribué, en 1882, pour l'ensemble de nos travaux. Deux de nos associés l'avaient obtenu personnellement l'année précédente.

Nous entretenons des relations avec la plupart des Sociétés voisines. La présence, dans cette enceinte, de plusieurs délégués de ces compagnies, atteste la cordialité de nos rapports avec elles. Notre concours dévoué est acquis à toutes les Sociétés qui le réclament pour l'exécution de travaux archéologiques d'intérêt général. Nous nous sommes empressés de souscrire cette année à la restauration des *Arènes de Senlis*. L'an dernier, nous avions pris l'initiative d'un appel à toutes les sociétés savantes en faveur de la conservation des *monuments de Sanxay* (en Poitou), menacés, alors, d'une destruction immédiate.

Nous avons l'espérance que les coquettes arènes de Senlis seront prochainement restaurées ; quant aux monuments de Sanxay, l'œuvre magnifique du R. P. Camille de la Croix, et l'une des gloires archéologiques de la France, leur existence est désormais assurée et nous avons la satisfaction de penser que leur conservation sera due pour une certaine part à l'active intervention et aux chaleureux efforts de notre jeune société.

Enfin, Messieurs, contrairement à ce qui se passe dans trop de sociétés (et peut-être encore ailleurs) nos finances sont dans un parfait état de prospérité. Notre caisse toujours pleine se vide sans cesse et se remplit aussitôt comme par enchantement.

Vous connaissez, maintenant, l'organisation et la situation de la Société historique et archéologique de Pontoise et du Vexin ainsi que les liens qui la rattachent aux sociétés savantes de France ; il me reste à vous dire pourquoi nous sommes ici et ce que nous attendons de vous.

III

Nous sommes venus ici, poussés par le besoin irrésistible de voir, d'étudier et de savoir, qui n'est point nouveau dans ce noble pays de France, mais qui entraîne, aujourd'hui plus que jamais, les esprits réfléchis, curieux et studieux, à la recherche de la lumière et de la vérité historique.

Notre maison étant solidement fondée, notre association se trouvant en possession de toutes ses forces vives, nous avons résolu de faire des chevauchées dans nos domaines scientifiques, à l'exemple de ces Maîtres des Requêtes, de ces Trésoriers de France, de ces Elus, de ces Prévôts, que des ordonnances royales envoyaient jadis, chaque année, en mission dans les vastes possessions du roi de France.

Nous commençons aujourd'hui par Trie-Château et Gisors. Nos prochaines excursions, seront consacrées à l'Ile-Adam, Beaumont, Magny, Chaumont, Ecouen et Gonesse.

Ce ne sont là que les principaux baillages de notre juridiction historique ; mais, il rentre dans nos projets de visiter, en outre, successivement, chacune des *communautés de campagne* de notre royaume d'études ; et, par ainsi, d'arriver à créer, entre notre société et ses libres sujets, des liens de sympathie et de confiance qui ne sauraient être que profitables à la diffusion des sciences historiques dans nos contrées.

Notre première visite devait être pour Gisors. La capitale du Vexin-Français devait, à la capitale du Vexin-Normand, cette marque particulière d'estime et d'affection. Aussi bien, sommes-nous venus ici pour vous saluer et pour vous demander des leçons qui, selon un néologisme très en faveur, seront des leçons de choses et des leçons de faits.

Pour notre début, vous nous avez comblés. Nous n'avons cessé d'admirer de Trie à Gisors, vos monuments mégalithiques, vos porches, vos chapelles gothiques, les élégantes tourelles qui survivent à vos manoirs démolis; les auditoires vermoulus de vos justices seigneuriales; les merveilleux vitraux de votre basilique; nous venons de contempler, avec émotion, les tours éventrées de votre donjon féodal, les vastes proportions de vos anciennes abbayes, les pignons en encorbellement de vos maisons des quinzième et seizième siècles. — Quelle superbe leçon de choses! quelle magnifique moisson de faits pour nos travailleurs!

La connaissance des richesses archéologiques d'un pays est le préliminaire obligé de son histoire. L'historien travaille dans les ténèbres, s'il n'est précédé par l'Archéologue. Cette opinion était exprimée avec éloquence, il y a un demi-siècle, par un savant distingué, doublé d'un administrateur émérite, que revendique, à bon droit, la ville de Gisors. J'ai nommé le respectable père de l'honorable député de cette circonscription, M. Antoine Passy, qui disait, en 1836, devant la société des Antiquaires de Normandie:

« L'Archéologie est devenue le piédestal de l'histoire. L'étude des monuments bâtis, sculptés, peints, coulés en bronze, écrits ou figurés est indispensable aux historiens. On leur demande désormais autre chose que les faits, on leur demande la cause de ces faits; or, les mœurs l'expliquent, et, les mœurs, les lois, les usages, la religion ne peuvent être expliqués à leur tour que par les monuments. »

Nous signalerons donc, avant tout, à nos confrères, l'étude de vos vénérables monuments, en nous hâtant de confesser, très humblement, que nous n'avons pas la prétention de les avoir découverts. Il y a beau temps que les érudits de la vieille Normandie se sont expliqués sur ces merveilles archéologiques. J'en donnerai pour preuve les paroles prononcées à Gisors, le 4 octobre 1851, par M. de Saint-Germain, inspecteur de la *Société française pour la conservation des monuments historiques*, devant une société nombreuse et choisie, où l'on remarquait: M. de Caumont, directeur de la Société, le général Rémond, de l'Institut, le baron de Montreuil, M. Thierry, maire de Gisors, M. Coville, juge de paix, M. de la Mairie, ancien maire, Mme Philippe-Lemaître, membre de plusieurs académies, M. le doyen de Gisors, M. Raymond Bordeaux, et un grand nombre de dames.

« .... Sans doute, disait M. de Saint-Germain, si l'on avait consulté l'importance historique, il y a longtemps que la ville de Gisors aurait été visitée par la Société française, car dans cette Normandie, patrie de l'architecture nationale, où chaque ville et presque chaque village a son église ou son château du moyen âge, la ville de Philippe Auguste se distingue glorieusement par son magnifique donjon, l'ensemble et les piquants détails de ses fortifications, son église où l'art ogival semble avoir réuni les plus gracieux produits de chacune de ses périodes, exposés là, presque avec autant de coquetterie que dans un musée. »

A cette déclaration des archéologues, qui remonte déjà à 33 ans, qu'ont répondu les historiens ?

Je ne puis parler ici tout naturellement que des auteurs modernes — eh bien ! les modernes ont répondu, par l'organe de M. Ant. Passy et par la voix de M. Eugéne de l'Epinois, qu'on manquait de documents pour écrire l'histoire.

« .... Ce ne sera que lorsque tous ces travaux partiels (la recherche et la publication des anciens documents) auront été accomplis, dit M. Antoine Passy, que l'on pourra songer à une histoire complète de notre Normandie. Combien de faits restent à retrouver ! combien de lacunes dont l'énigme reste à déchiffrer dans nos chartes et les titres de nos villes ! combien de points d'histoire pendent aux vitraux de nos églises de campagne en hiéroglyphes blasonnés ! »

En 1869, M. de l'Epinois, l'éminent auteur de *l'Histoire des comtes de Clermont*, et de *l'Histoire de Chartres*, présidant à l'installation de la société de l'*Histoire de la Normandie*, dont il était le principal fondateur, constatait sans hésiter « que les histoires générales de seconde main, même les plus accréditées se contredisaient à chaque page » ; et il se demandait : « si la synthèse avait été complète, s'il ne restait rien à puiser aux sources, si en un mot, les historiens étaient mûrs pour l'histoire ? » Se répondant aussitôt à lui-même, il réclamait avec instance la publication des documents originaux encore inédits « pour donner aux auteurs, de nouveaux instruments de travail, et aux lecteurs de nouveaux instruments de contrôle. »

Or, Messieurs, il y a quinze ans qu'on parlait ainsi. A-t-on publié les documents ? Est-on prêt pour écrire l'histoire ?

S'il faut reconnaître que de grands progrès ont été réalisés depuis quinze ans, que la puissante société de l'Histoire de Normandie a publié de nombreux et précieux documents, contresignés des noms illustres des Léopold Delisle, des Blosseville et des Beaurepaire, s'il faut proclamer qu'à Gisors l'esprit d'émulation a enfanté d'utiles travaux ; il faut bien aussi avouer que le nombre des renseignements restés dans l'ombre est immense, qu'une très petite partie seulement du chemin a été parcourue, que les instruments de travail et les instruments de contrôle font toujours défaut aux auteurs et au public ; et c'est parce qu'il importe que tout le monde se mette à l'œuvre pour combler ces lacunes et pour répondre à ces besoins, que notre jeune société, pleine d'ardeur et de foi, est venue se mettre sur les rangs pour combattre avec vous le bon combat.

Ainsi se trouve expliquée notre arrivée au milieu de vous avec la ferme volonté de prendre une part active aux travaux historiques de cette contrée.

Mais, à côté de ces travaux généraux, il est une grande œuvre de restitution historique qui nous tient particulièrement au cœur, dont l'étude s'impose à notre société et qui ne peut être menée à bien sans votre fraternel concours. Je veux parler de la préparation d'une histoire générale de tous les pays composant les deux Vexin.

Jusqu'ici, on a étudié le Vexin normand en se plaçant au point de vue de ses rapports avec la Normandie, et on a étudié le Vexin français en se plaçant au point de vue de ses relations avec l'Ile-de-France. On n'a vu, d'un côté, que le Vexin de l'Epte à l'Andelle et, d'autre côté, que le Vexin de l'Oise à l'Epte. Nous voudrions qu'on entreprît l'histoire de l'autonomie des deux Vexin en englobant, dans une même étude, tous les pays connus sous le nom de *Vulcassini Pagi*, et qui sont compris entre l'Oise et l'Andelle. Il semble qu'on récolterait de bien précieux renseignements en comparant les mœurs, les coutumes, les usages, le langage, l'administration de ces pays aux diverses époques de leur histoire.

Je ne puis entrer, aujourd'hui, que dans quelques détails sur ce grand travail ; mais, ne suffit-il pas de l'indiquer pour qu'on en saisisse, dès à présent, l'importance et l'intérêt ? On y trouverait la clef des manifestations très diverses, de l'esprit public dans nos contrées ; on y découvrirait les causes et les circonstances des divisions et des luttes qui ont existé entre nous dans le passé. Mais, encore une fois, avant d'entreprendre cette histoire d'ensemble, il importe que tous les événements et tous les documents concernant l'histoire particulière de chacun des deux Vexins soient connus et publiés, et nous venons vous proposer de vous mettre immédiatement à l'œuvre avec nous pour arriver à ce résultat.

Déjà, à Pontoise, nous avons commencé le feu. Nous avons publié *La Ligue à Pontoise* et le *Journal d'un bourgeois de Gisors*. Ces publications, d'un si grand intérêt pour l'histoire comparée des deux Vexin, nous livrent, dans l'ordre politique, le secret de l'état des esprits au sein de nos populations à l'époque de la Ligue. Il semble désormais acquis que la majorité des Pontoisiens tenait alors pour Mayenne, tandis que la majorité des Gisorsiens s'attachait au Béarnais; ne pourrait-on pas conclure de là, sous certaines réserves, que les normands demi-sang des bords de l'Oise voulaient, avant tout, le triomphe de la Religion Catholique, et que les Normands pur sang des rives de l'Epte se préoccupaient, au premier chef, du succès de la Monarchie.

Dans l'ordre des événements religieux, que de belles études n'avons-nous pas à faire! On reconnaît unanimement que le grand mouvement de réforme, commencé en France avec le dix-septième siècle, s'affermit et grandit sous Louis XIII; et que son épanouissement mit à son apogée sous Louis Le Grand, le génie de notre nation. — Dans quelles proportions, par quelles influences, sous quelles formes ce mouvement rénovateur s'est-il accompli dans les deux Vexin?

L'histoire morale de nos contrées est là tout entière. Pendant la première moitié du dix-septième siècle, il s'est créé à Pontoise et à Gisors de nombreux établissements religieux destinés à ramener au calme, à l'union, à la réflexion, à l'étude, à la pratique de toutes les vertus, nos populations divisées et troublées par un demi-siècle de guerres religieuses et de discordes civiles; combien n'est-il pas désirable que les détails authentiques de ces événements soient relevés et comparés dans nos deux pays et finalement livrés au public. Nous sommes prêts, à Pontoise, pour cette œuvre excellente et vous êtes assurément en mesure à Gisors de nous accompagner brillamment sur ce terrain. Unissons donc nos efforts pour la prompte publication de cette intéressante étude.

Je pense à vos Ursulines, ce bel établissement aujourd'hui disparu, et dont les religieuses furent dispersées à la Révolution. Connaît-on l'histoire de cette vénérable institution qui donna pendant deux siècles l'éducation à vos grand'mères et qui instruisit gratuitement les filles pauvres de Gisors?

Votre communauté fut formée en 1621 et ce sont trois filles

de sainte Ursule du couvent de Pontoise, conduites par Mgr du Harlay, archevêqne de Rouen, qui présidèrent à son installation. Vous voyez quels liens intimes nous unissent de ce côté. Notre monastère de Pontoise avait été fondé quelque temps avant le vôtre (1611) avec le concours généreux du Cardinal de Joyeuse, prédécesseur de M. du Harlay. Nous avons retrouvé l'architecte et les plans de notre couvent, la règle de nos religieuses et jusqu'au nom des principales pensionnaires de la Maison : vous avez vraisemblablement de pareilles notes dans vos cartons? communiquons-nous ces pièces précieuses et livrons-les ensemble à la publicité.

Nous sommes réunis, en ce moment, dans une salle spacieuse dépendant de l'ancien et vaste couvent des Carmélites de Gisors. Nous n'avons garde d'oublier, qu'à l'exemple de nos Ursulines, ce furent encore nos religieuses Carmélites qui participèrent à la fondation de ce grand établissement.

Il y a, en effet, deux cent cinquante-trois ans que de pieuses filles de Marie de l'Incarnation quittaient Pontoise pour venir assister, ici même, à l'installation du Carmel de Gisors. On sait que François Sublet des Noyers, ancien ministre de Louis XIII fut, dans ce même temps, le patron de l'œuvre ; peut-être ignore-t-on que dès la fin du seizième siècle, Sublet de la Guichonnière, père du précédent, « ayant dessein de fonder les Carmélites en France, avait offert de les recevoir dans sa maison de Noyers, près Gisors ; et, qu'à tout événement, il la fit bâtir de façon à ce qu'on put, avec peu de changements, y établir des lieux réguliers[1]. »

L'établissement des Ursulines et des Carmélites dans nos deux cités est dû à la puissante intervention de personnages célèbres dont le nom est inséparable de l'histoire de la réforme au dix-septième siècle dans nos contrées et, parmi ces noms, il faut placer au premier rang : Madame la princesse de Longueville, Monsieur de Berulle, Monsieur de Marillac, Madame Acarie, Monsieur Sublet des Noyers, le P. André Duval, le P. Gallemand dont le souvenir s'impose à notre reconnaissance.

Les questions d'ordre administratif ne le cèdent en rien, en intérêt, dans l'histoire des deux Vexins aux questions d'ordre politique ou religieux.

Il s'est produit chez nous aux approches de la Révolution une bien curieuse tentative d'autonomie. Pontoise a voulu, un

---

1. J. B. Bouchet, curé de Saint-Merry : *Vie de Marie de l'Incarnation.*

instant, accaparer le Vexin. Nous ignorons si vous avez été envahis à Gisors par des idées particularistes. Vous nous le direz un jour et nous mettrons le public dans la confidence. En attendant, nous livrons, à vos réflexions, la partie très piquante, d'une délibération de MM. de l'Hôtel de Ville de Pontoise, qui sollicitent du roi Louis XVI, en 1789, la création, en notre faveur, des *Etats particuliers du Vexin*.

Pontoise, 7 janvier 1789.

Dans la circonstance heureuse où Votre Majesté s'occupe de faire concourir la nation à son propre bonheur, les officiers municipaux de votre ville de Pontoise osent déposer aux pieds du trône les sentiments de leur juste gratitude et joindre leurs humbles supplications à celles des autres villes de votre royaume.

(Suivent des doléances sur les privilèges du clergé et de la noblesse et des observations relatives aux États-Généraux.)

. . . .

4ᵉ Attendu que le Vexin français dont Pontoise est la capitale compose une petite province particulière, bordée au nord par le Beauvaisis, au levant par l'Oise, au midi par la Seine et au couchant par l'Epte, laquelle contient les villes de Pontoise, Magny, Chaumont et Meulan, que cette province a toujours été du parlement de Paris et du gouvernement de l'Ile-de-France, que c'est par une bizarrerie inconcevable, mais |très préjudiciable à ses intérêts, que l'élection de Chaumont et Magny a été attachée à la généralité de Rouen, tandis que le surplus est de la généralité de Paris.

Qu'aujourd'hui, que Votre Majesté, dans sa bienfaisance, vient de rendre à la Normandie ses anciens états, la dite élection de Magny et de Chaumont qui n'a jamais fait partie des états de Normandie doit être naturellement réunie à la capitale du Vexin.

Il plaise à Votre Majesté ordonner que les villes de Chaumont et de Magny ainsi que Meulan avec tous les pays enfermés par l'Oise, la Seine, l'Epte et les frontières du Beauvaisis seront et demeureront réunies à la ville de Pontoise, capitale du Vexin français, pour composer avec ladite ville et son élection des *Etats particuliers du Vexin français* subordonnés, si Votre Majesté le juge à propos, à ceux de l'Ile-de-France, comme ceux de quelques cantons du Languedoc le sont aux états de Provence.

La concession de ces états serait un bienfait signalé pour tout le Vexin français qui, par sa position, la nature de son commerce et de ses récoltes, la circonscription de son locatif, le sol de ses terres ne tient à aucun pays, ne ressemble à aucun de ses voisins et ne peut que très difficilement être incorporé avec un autre.

Nous sommes avec un profond respect, Sire, vos très humbles serviteurs et très fidèles sujets.

De Monthiers, maire ; Thomas et Chaulin, échevins ; Pictou
et Canot, assesseurs ; Petit, secrétaire-greffier.

Que de choses à remarquer et à discuter, à comparer et à ré-futer dans cette missive des échevins pontoisiens ! Et quel nouvel et puissant argument en faveur de la confrontation des deux Vexins.

Je voudrais dire quelques mots du développement qu'il conviendrait de donner à nos enquêtes réciproques pour arriver à cette confrontation.

Avant d'aborder les synthèses, il faut des détails et je demanderai des détails infinis à tous ceux qui voudront bien participer à notre œuvre. La rencontre d'un petit détail a souvent conduit les chercheurs perspicaces à la découverte des faits historiques de la plus haute importance. Que n'ai-je le temps de signaler, ici, certains petits faits inédits de l'histoire du Vexin, en démontrant que, futiles en apparence, ils sont, au fond, pleins d'enseignements précieux !

Je me bornerai à dire sur cet objet : cherchons le document, vérifions la légende, interprétons le proverbe, ne dédaignons ni la chanson, ni le Noël, ni la complainte ; recueillons l'objet d'ar t, ycompris le bibelot ; allons du manoir féodal à la masure du paysan, de l'hostellerie de l'Ecu, au cabaret où pend pour enseigne le *Cygne de la croix*, suivons les mareyeux, les carreyeux, les postillons poudreux sur le pavé du Roi. Interrogeons les maîtres de l'œuvre, constructeurs de nos édifices religieux, les ouvriers qui les ont aidés ; relisons les vieux comptes de fabrique, les inventaires anciens ; étudions, comparons, publions ; faisons tout ce travail en commun, dans les deux Vexins, avec ardeur, avec persévérance, avec passion. C'est à ce prix seulement que nous parviendrons à édifier une histoire instructive et vraie, digne de la confiance et du respect des générations appelées à nous succéder.

Nous sommes admirablement organisés pour arriver à ce résultat ; nous possédons une tribune qui est ouverte à tous nos adhérents, et nous leur offrons une publicité large et gratuite. Dans ces conditions, l'indifférence et l'abstention n'ont pas d'excuse, et ne peuvent se couvrir de leurs prétextes ordinaires : l'isolement ou le manque de ressources.

Je dirai encore un mot : ce sera pour répondre à ceux qui s'exagèrent la somme de connaissances nécessaires pour travailler à notre œuvre, et qui s'effraient des labeurs qu'elle demande à ses adeptes.

Pour élever l'église de la Sorbonne et le dôme des Invalides, Jacques Lemercier et Hardouin-Mansard eurent besoin de

milliers d'ouvriers. Si ces derniers, effrayés de leur insuffi-
sance individuelle en face de l'importance et de la magnificence
de l'entreprise, s'étaient dérobés au travail, aurions-nous
jamais joui des deux merveilleux monuments qui font la gloire
de l'architecture française? Eh bien! à chacun sa tâche : aux
uns la synthèse, aux autres les détails, à tous le travail opi-
niâtre. Unissons-nous, en attendant la venue du Grand Architecte final — ce messie ardemment désiré — qui n'est peut-
être pas bien loin de moi [1]. Travaillons ensemble, libres et
modestes ouvriers, hommes de bonne foi et de bonne volonté
à voiturer des pierres, à apporter des matériaux, à amasser
des documents !

Je ne veux pas finir sans parler de la question de propagande. Le moment est-il venu de faire un peu de bruit? est-il
convenable, est-il utile qu'on parle de notre association?

Deux célèbres compères ont agréablement badiné jadis sur
les académies en quête de renommée. Bien que leur badinage
ait beaucoup couru le monde, je n'hésite pas à le rappeler ici,
dans la pensée qu'il jettera un peu de gaieté sur la monotonie
de ce trop long discours.

J.-J. Rousseau était vraisemblablement sous le charme de
son séjour à Trie-Château, quand il disait, dans un de ses rares
mouvements de bonne humeur : « De toutes les Académies du
royaume et du monde, c'est assurément l'Académie royale de
musique qui fait le plus de bruit! » De son côté, Voltaire déjà
vieux, mais toujours jeune pour railler son prochain, interrom-
pait un jour, en pleine assemblée des Quarante, la lecture d'un
Mémoire dans lequel l'Académie de Châlons se déclarait sans
cérémonie « *la fille* » de l'Académie française. « Oui! dit
vivement le rusé vieillard, et c'est une bonne fille qui n'a
jamais fait parler d'elle! »

Expliquons-nous ! nous ne demandons point assurément
à faire ce grand tapage dont le privilège appartient sans con-
teste à l'Académie royale de musique; mais nous ne refusons
pas d'avouer que quelques accords sympathiques, discrète-
ment exécutés autour de notre naissante Académie, ne nous
causeraient aucun désespoir; et, n'en déplaise à M. de Voltaire, très rassurés sur la vertu et sur la fermeté de notre jeune
fille, nous ne saurions nous effaroucher, pour sa réputation, de

1. M. Louis Passy, député de la circonscription.

quelques propos galants formulés sans malice dans notre voisinage.

Donc, en résumé, nous demandons à nos amis de faire en notre faveur une bienveillante propagande. Nous ambitionnons d'acquérir la Renommée, — non, bien entendu, pour nos humbles personnes destinées à disparaître au premier souffle du vent, — mais pour l'œuvre sincère, féconde, patriotique qui, à dater d'aujourd'hui, nous devient commune avec nos honorables auditeurs. Et, pour obtenir cet enviable succès, — ce sera notre dernier mot, comme c'est notre suprême espérance, — nous comptons fermement sur le concours des amis de la saine tradition et du véritable progrès et nous sollicitons avec confiance l'appui des honnêtes gens de tous les partis et de toutes les conditions. (Applaudissements).

11175. — PARIS, IMPRIMERIE A. LAHURE

Rue de Fleurus, 9.